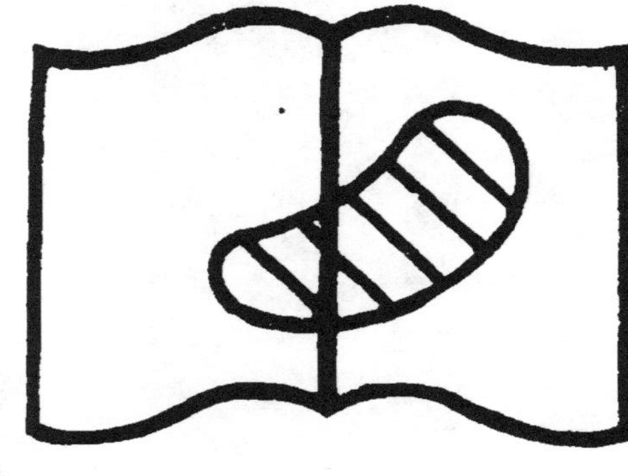

Valable pour tout ou partie
du document reproduit

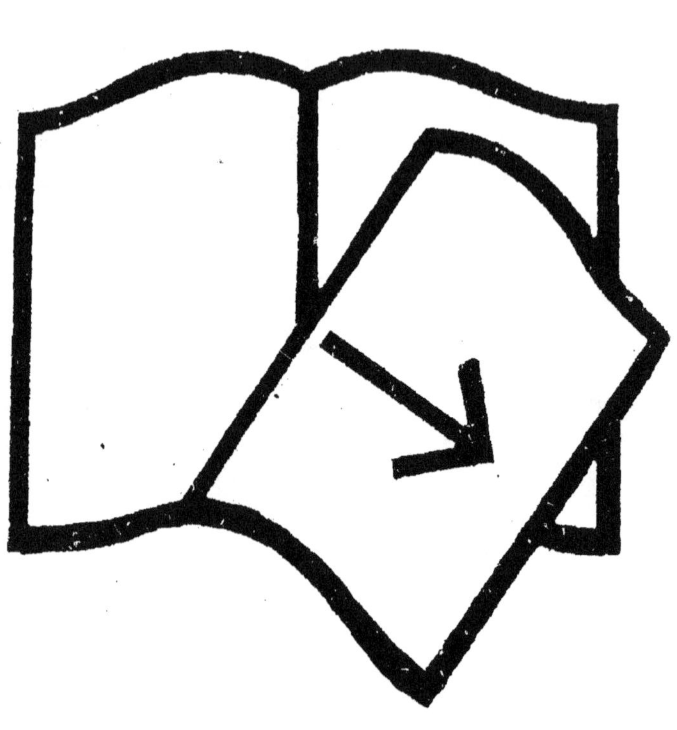

Couvertures supérieure et inférieure
manquantes

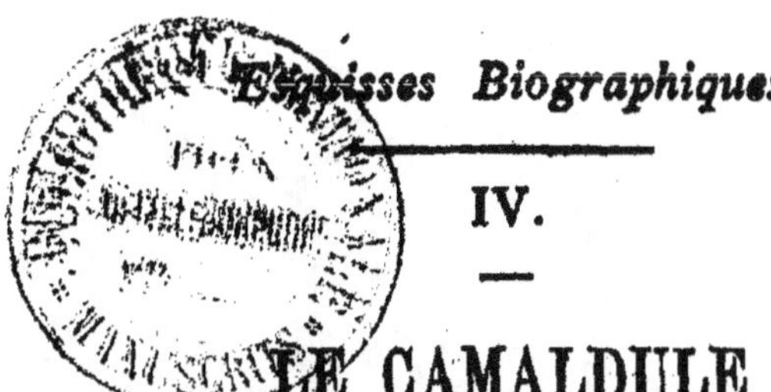

IV.

—

LE CAMALDULE
GUILLAUME D'AUVRAY

&

L'ERMITAGE
DE NOTRE-DAME-DES-ANGES
De la forêt de Saint-Sever (CALVADOS)

DEUXIÈME ÉDITION

PAR

M. HIPPOLYTE SAUVAGE
Officier d'Académie, Avocat à la Cour d'appel.

VIRE
A. GUÉRIN, Éditeur.
Place Nationale et rue de la Chaussée.
— 1883 —

(13)

Déjà nous avons publié à Avranches une première esquisse sur Guillaume Auvray : elle remonte au mois de juin 1867.

Tirée à vingt-cinq exemplaires seulement, notre brochure fut aussitôt offerte par nous à nos amis, et nous même, si nous la recherchions aujourd'hui ne pourrions plus sans doute la retrouver. Dans de telles conditions, nous pouvons donc dire que cette seconde étu de augmentée du reste de quelques détails, a tout le privilège de la nouveauté. Nous la fai sons connaître de préférence à Vire, parceque le personnage qu'elle met en scène habita longtemps le Bocage et sut donner un certain renom à l'Ermitage de la forêt de Saint-Sever, dont les populations Normandes n'ont pas oublié le chemin.

Quant aux sources auxquelles nous avons puisé, elles sont de la plus parfaite authenti-cité : nous pouvons même affirmer que personne avant nous ne les avait connues. Elles proviennent des archives même de l'Ermitage de Notre-Dame des Anges et les récits auxquels nous nous sommes confiés ont été tracés par la main du Père François Piton, le propre neveu et le successeur de Guillaume Auvray, comme supérieur de cette maison. C'est dire que le fonds de notre notice est tout entier l'œuvre du religieux et que nous ne revendiquons que la forme que nous avons adoptée. Peut-être eussions-nous dû nous borner à faire connaître le texte original de Piton : qu'on veuille bien nous pardonner de ne pas avoir agi ainsi. Nous avons cru mieux faire en donnant un peu plus de vie à une narration qui nous a paru vieillie et par trop mystique.

Hippolyte SAUVAGE.

LE CAMALDULE GUILLAUME AUVRAY

ET

L'Ermitage de Notre-Dame-des-Anges.

De la forêt de Saint-Sever (CALVADOS).

En général, les ermites ont autrefois mené une vie modeste et inconnue, loin des hommes et dans des lieux isolés et déserts; quelques-uns — et c'est le petit nombre — ont pourtant laissé quelques souvenirs. Nous désirons rappeler ceux d'un Camaldule, dont le nom est presqu'entièrement ignoré aujourd'hui. Ce sera un pastel de plus à ajouter dans la galerie des hommes distingués qui appartiennent à notre pays Bas-Normand.

Guillaume Auvray naquit à Avranches vers 1630. Son père, que l'on désignait sous le nom de M. Du Fresne Auvray, paraît avoir appartenu à la classe de la riche bourgeoisie qui prenait ses allianses dans les familles nobles et qui occupait un grand nombre d'emplois dans la magistrature, dans le clergé et même dans les rangs de l'armée. (1) Il donna à don fils une éducation soignée, le fit étudier jusqu'en rhétorique et l'obligea ensuite à suivre quelques leçons de philosophie et de droit. Mais son goût et ses inclinations bien prononcées portaient

---

(1) M. Le Hericher (*Avranchin Monumental et Historique*, tome I, p. 221), nous assure que Guillaume Auvray appartenait à la famille des Auvray, sieurs de Beaurepaire, de la paroîsse de St-Gervais-d'Avranches.

A la même époque, Louis Auvray, était chanoine et grand chantre en l'église cathédrale d'Avranches. D'Hozier lui attribue pour armoiries d'azur à un ru d'échiquier d'or, coupé d'argent, chaussé de sable.

Un autre ecclésiastique, Gilles Auvray, prêtre, était aussi chanoine de la prebende de Quintin, en la même cathédrale d'Avranches.

D'Hozier lui donne encore pour blazon : de gueules à deux pals d'argent, coupé d'or, à un tan de sinople.

Manuscrit de la bibliothèque nationale, généralité de Caen, élection d'Avranches, folios 778 et 779.

ce jeune homme vers les armes. D'une habileté merveilleuse à manier l'épée, il fût peut-être devenu un véritable ferrailleur et il eût suivi sans doute l'élan de ses contemporains, si les édits du Roi ne fussent venus mettre un frein à la fureur des duellistes et à la fréquence de leurs combats. Dès lors, Auvray avait la réputation d'être l'une des meilleures lames de son temps : mais Dieu ne permit pas qu'il tombât dans les désordres trop ordinaires aux personnes d'un tel caractère.

A l'âge de vingt ans environ, la passion des voyages s'était emparée de lui, il partit pour la Flandre et pour la Hollande. Il parcourut ensuite l'Allemagne ; puis, après y avoir séjourné pendant quelque temps, il passa en Italie et voulut visiter dans ses détails Venise, la belle. Cette république et la Turquie étaient alors en guerre : il lui offrit son épée. Sa bonne mine, sa taille avantageuse, sa réputation brillante le firent agréer et lui firent donner une commission d'enseigne, grade correspondant à celui de sous-lieutenant. Mais il ne conserva ces fonctions que deux ans. Peu satisfait de sa solde plus que modeste; il quitta bientôt l'Italie et revint en France.

La société l'y accueillit avec faveur ;
elle lui prodigua ses fêtes et ses flatteries;
elle lui montra ses séductions et ses en-
traînements. Ces plaisirs trompeurs pro-
duisirent peu d'impression sur lui et il
ne tarda guère à s'en dégoûter, surtout
après un événement, grave pour lui, qui
remplit son cœur d'une vive amertume.
Convié comme témoin dans un duel où
l'un de ses cousins se trouvait engagé, il
eut le regret de ne pouvoir y assister. Il
semble qu'il se soit reproché cette absen-
ce, et qu'il se soit ainsi imputé la mort
de ce parent, qui fut tué : il était puni
par où il avait péché. Toujours est-il que
cet événement eut une influence énorme
sur son avenir, car de ce jour-là, il réso-
lut de suivre l'entraînement qu'il éprouvait pour la retraite et il prit le parti irré-
vocable de se consacrer entièrement à
Dieu.

Jusque là, Guillaume Auvray avait mené une vie toute mondaine, dissipée au
milieu du cliquetis des épées et des ver-
res, des gais compagnons et des aventu-
res joyeuses, et partagée entre des voyages d'agrément et des courses sans but.
Tout-à-coup, il devint sérieux et réfléchi.
Sans rien communiquer de ses desseins
à personne, sans même indiquer à ses

proches le but qu'il se propose, il part en secret pour un premier voyage de Rome et prélude ainsi à son noviciat dans la vertu. Bientôt enfin, quittant le brillant équipage de cavalier qu'il avait toujours porté jusque là, et les allures d'un jeune homme à bonnes fortunes, il se revêt d'un habit de pénitent ou d'ermite, et il endosse le froc, c'est-à-dire la robe brune des religieux : ce fut son dernier adieu au monde.

Mais le monde ne l'épargna guère. La nouvelle de cette couversion fut accueillie par des sourires et par des moqueries. On crut que l'excès de sa ferveur avait altéré et affaibli notablement son esprit. Ses anciens amis le délaissèrent et leurs dédains le trouvèrent insensible, parce qu'il savait que Dieu seul est fidèle à ses fervents disciples.

Ses directeurs, du reste, soutinrent Auvray dans sa vocation. Ils lui permirent de recevoir les ordres sacrés jusqu'à la prêtrise, et cela dans un laps de temps très court et des mains de différents évêques. Cependant ces témoignages de haute confiance ne lui donnèrent jamais assez de hardiesse pour accepter la mission d'instruire en public les fidèles, surtout pendant le temps qu'il résida dans le diocèse de Langres. Persuadé que la modestie devait être la vertu par excellence d'un solitaire, il résista constamment aux instances qui lui furent souvent renouvelées.

Une fois ordonné prêtre, Guillaume Auvray ne songea plus qu'à rechercher un lieu retiré dans lequel il pourrait conserver les grâces précieuses qu'il venait de recevoir dans son ordination. Sa première pensée fut de se retirer dans l'ermitage de Notre-Dame des Anges, situé dans la forêt de Saint-Sever, non loin de la ville de Vire.

L'un de ses parents, le père Jean-Baptiste Auvray, né comme lui à Avranches, en était alors supérieur. Il reçut avec joie le jeune abbé, lui ouvrit avec empressement son sanctuaire et l'accueillit avec bonheur. C'est là que celui-ci se lia d'une étroite amitié avec le frère Jacques Saux, du diocèse de Séez, et comme lui, ancien militaire. Ils se communiquèrent l'un à l'autre leurs impressions et ils résolurent tous les deux, avant d'entrer en profession, de faire ensemble un nouveau voyage à Rome, dans le but de gagner les indulgences attachées aux stations de cette Mère du monde chrétien. Avec le

consêntement du père supérieur, et après
une retraite d'un mois dans l'ermitage,
ils partirent par une belle matinée, pour
satisfaire les élans de leur piété.

C'était vers l'année 1657.

Voilà donc nos pélerins sur le chemin
de l'Italie, armés chacun d'un bâton, ayant
pour tout vêtement la robe qui les cou-
vre, sans tuniques, nu-jambes, ne se ser-
vant que de sandales, sans calottes sur
la tête et sans aucun souci des moindres
commodités de la vie. Leur bourse est
garnie de deux cents livres que le frère
Guillaume a prélevées sur son revenu,
avec l'intention de les employer en œu-
vres de piété; car, pour mettre le com-
ble à leur humilité, les deux voyageurs
ne veulent vivre pendant tout leur trajet
que d'aumônes et de privations. Du reste, la dernière pensée de notre Avranchi-
nais, au moment du départ, a été pour
son pays où il vient de fonder dans l'église
cathédrale, un salut solennel, qui sera
chanté chaque année le jour de la Circon-
cision, et dont la fondation est inscrite
dans le cartulaire de la basilique. Quant
à l'argent qu'il peut encore avoir, il l'of-
fre à l'hôpital de cette même ville d'Avranches.

Partis dans la saison des plus fortes

chaleurs de l'année, nos deux pélerins voyageurs souffrirent cruellement des ar-
deurs du soleil, nous dit le discret con-
fident de ces détails intimes. Le plus souvent, leurs robes étaient si pénétrées de
sueur, que pour les faire sécher, ils étaient
contraints de s'en dépouiller, en se tenant
éloignés l'un de l'autre, afin de ne pas
offenser les règles de la modestie et de
la pudeur. Au retour du voyage accom-
pli, le froid excessif de l'hiver ne leur fut
pas moins pénible.

Chaque jour ils faisaient ainsi quatre
lieues à peine. Durant ce pénible trajet,
Guillaume ne se trouva jamais empêché
de célébrer la sainte messe. Et quand ils
eurent, à Rome, vaqué à leurs dévotions,
ils quittèrent aussitôt la Ville Eternelle,
sans s'arrêter un seul instant à contem-
pler ses merveilles, dont les étrangers
sont si avides.

La route qu'ils suivirent en revenant
en France, fut celle de la Bourgogne. Ils
s'arrêtèrent d'abord dans l'ermitage de
Coiffy, proche la petite ville de Bourbon-
ne-les-Bains, puis dans celui du Val-des-
Dames, qui dépendait de l'abbaye de Mo-
lesme. Ils restèrent fort peu de temps en
ce dernier endroit et revinrent à Coiffy,
où ils résidèrent deux années entières,

pratiquant toutes les vertus contemplatives, mais refusant aux peuples qui les sollicitèrent avec instances leur ministère comme prédicateurs ou comme directeurs des âmes. Ce fut à peine si le frère Guillaume consentit quelquefois et rarement à faire le catéchisme aux petits enfants. Cependant leur réputation de sainteté grandissait chaque jour et la duchesse de Créquy ayant voulu leur donner un gage de son estime particulière en venant les visiter dans leur ermitage, les deux solitaires résolurent de se soustraire à ces témoignages de vénération et d'affectueux respects : ils partirent.

De pieux souvenirs portaient Guillaume Auvray vers Avranches. Il espérait trouver là le calme dont il avait besoin, et il pensait rencontrer à l'ombre des murs de la ville épiscopale le repos de la solitude, sans être contraint d'exercer les fonctions ecclésiastiques. Il acheta donc un fonds de terre, à peu de distance de la cité, non loin des domaines ds ses pères, en face de ce merveilleux Mont-Saint-Michel, asile alors respecté de la science et de la prière. Comme le prophète, il pouvait dire, lui aussi : *Je chanterai vos louanges, Seigneur, à la vue des anges,* et renouveler tous les jours le sacrifice qu'il lui avait fait de tous ses biens terrestres.

La nouvelle Thébaïde, dont il reste toujours le souvenir dans le pays et qui prit le nom d'Ermitage d'Avranches (1), était alors un lieu ingrat et inégal, couvert d'ajoncs et de rochers, stérile et désert. Une fontaine seule lui donnait quelqu'attrait. Les deux compagnons s'en accommodèrent. Bientôt une chapelle y fut édifiée. Auprès d'elle, deux cellules et une petite cuisine s'élevèrent comme par enchantement. En même temps, un jardin, enclos de murailles, défriché par les propres mains des bons Pères et arrosé de leurs sueurs, fournit à leurs besoins journaliers.

Guillaume et son ami, qui lui était en tout soumis, et qui ne voulait avoir d'autres désirs que les siens, s'y aménagèrent complétement et se firent une règle qui

---

(1) Situé en la commune du Val-Saint-Père, et désigné actuellement sous le nom de Bois-Guérin, l'ermitage de la Nafrée servit d'habitation à Le Berriays, l'illustre botaniste. Au dessus des murs élevés des jardins défrichés jadis par les ermites se montrent aujourd'hui la tête des sassafras, des magnolias et de nombreuses plantes exotiques fort belles. (Le Hericher. Avranchin.) Mon. et hist. t. 1, p. 221. — Id. *Journal l'Avranchin* du 10 novembre 1867, n° 45,

était à peu de chose près celle de leur retraite en Bourgogne. Leur temps y fut
partagé entre la prière et le travail ma-
nuel. A eux deux, ils psalmodiaient tour
à tour le divin office et ils s'imposèrent
l'abstinence continuelle de la viande et
les austerités les plus grandes. Mgr Ga-
briel de Boislève, évêque d'Avranches,
ainsi que les Pères capucins, qui étaient
leurs directeurs spirituels, durent inter-
venir paternellement pour les engager à
adoucir cette règle par trop sévère et leur
persuader que la soumission de leur part
à ces pieux conseils n'en aurait que plus
de mérite.

Ils vécurent ainsi fort tranquillement
pendant dix-huit mois, heureux de leur
isolement, ne pensant qu'à Dieu et se cro-
yant oubliés à tout jamais des hommes.
Pourtant leur existence avait excité l'attention des habitants d'Avranches, et, la
curiosité féminine s'en mêlant, ils se vi-
bientôt l'objet d'une attention obséquieu-
se.

Un jour, Mlle de Canisy, qui devait
être la fille du gouverneur de la ville,
avec une femme de chambre, vint à l'ermitage pour en visitér les mystères. Mais
n'ayant pu satisfaire son indiscrétion, sur
le rejet du frère Jacques, qui lui en avait

refusé l'entrée avec fermeté, elle s'en montra si contrariée, que sa famille voulut dès le lendemain lui donner pleine satisfaction. Elle y retourna donc avec le comte de Montaigu, le baron de Saint-Gilles et plusieurs dames. La société entra de vive force, malgré les observations et les instances des solitaires : et, pénétrant dans les cellules, elle y trouva les cordelettes de leurs disciplines, qui devinrent de leur part l'objet de quelques railleries et le motif de nombreuses et joyeuses plaisanteries. Les Pères ne répondirent à ces provocations que par la plus grande douceur et aucune parole blessante ne put laisser soupçonner toute la peine qu'ils en éprouvèrent. Mais, dès que ces irréverencieux visiteurs se furent retirés, les religieux prirent spontanément la résolution de quitter à tout jamais leur douce retraite, pour aller définitivement à Saint-Sever. Deux jours leur suffirent pour régler leurs préparatifs, trouver des équipages qui emportèrent leurs meubles et mettre ordre à leurs affaires. Depuis cette époque, chaque fois que des dames, de quelque rang qu'elles fussent, voulurent se présenter dans son ermitage de St-Sever, surtout quand elles montrèrent un peu de hauteur, comme un jour Madame de Saint-Pois, le père Guillaume Auvray les refusa de la façon la plus formelle et même avec une certaine vivacité, quoique d'un caractère très doux et fort conciliant, désormais il n'eut aucun ménagement, ni aucun égard pour ces belles visiteuses indiscrètes. (2)

Ceci se passait en 1663 : le frère Guillaume avait alors environ trente-trois ans.

---

(2) Cependant un auteur donne une toute autre cause au départ précipité des deux frères de leur coteau. D'après les manuscrits du docteur Cousin, déposés à la Bibliothèque d'Avranches (tome XV), ils avaient vu arriver chez eux un homme qui se disait ermite d'une forêt voisine : ils le reçurent comme un des leurs. Après quelques jours de vie commune, le nouveau compagnon, qui était pieux et éloquent, leur fit voir que leur asile était trop voisin de la ville, qu'il jouissait d'un site trop riant et trop enchanteur, qu'il n'était qu'une demi solitude et l'asile heureux d'une religion facile.

Les deux frères furent persuadés et vendant tout ce qu'ils possédaient, ils réunirent une somme d'argent assez rondelette pour l'époque, environ 1,000 écus qu'ils apportèrent et déposèrent dans leur ermitage. Peu de jours après, le beau parleur et le trésor avaient disparu ensemble. Au dire de cette version, les ermites se retirèrent alors à Saint-Sever, tout décontenancés de l'escroquerie dont ils venaient d'être victimes.

Il fut accueilli à l'ermitage de Notre-Dame-des-Anges avec une satisfaction infinie par son vieux parent le père Jean-Baptiste Auvray, presque septuagénaire et infirme, qui le regarda comme un envoyé du Ciel. Bientôt, ainsi que le frère Jacques Saux, il quitta son habit de pénitent pour revêtir celui de l'ordre des Camaldules, auquel était affilié ce pieux asile de la forêt de Saint-Sever. Leur prise d'habit est du 6 décembre 1663; elle eut lieu sous les yeux de Mgr de Lesseville, évêque de Coutances, qui reçut en même temps les professions des frères Jean Aumont et Guillaume Tirel.

Deux années plus tard, en 1665, Guillaume était donné comme adjoint au Père Jean-Baptiste, et, par le fait, il devenait le supérieur de la communauté, puisque ce dernier ne pouvait plus s'occuper efficacement de la direction de la maison, à cause de ses nombreuses infirmités. Du reste, son titre de parent du chef de la congrégation n'eut qu'une faible influence sur ce choix. L'on peut dire plutôt qu'il fut déterminé par une autre circonstance puisque c'est à lui qu'était dû en majeure partie le mérite d'un grand bienfait pour l'ermitage, car cela avait été sur ses démarches personnelles et sur ses requêtes, que le Roi Louis XIV, par lettres-patentes, datées de Paris, au mois de mars 1664, avait pris cette maison sous sa sauvegarde souveraine et lui avait donné une certaine étendue de territoire, dans sa forêt de Saint-Sever, tout autour de la chapelle. Ce fut on le comprend un grand événement pour les pauvres ermites; aussi leur fit-il regarder, en quelque sorte, le Père Guillaume comme leur véritable fondateur.

Sous son impulsion, l'établissement prit encore une plus grande importance. La chapelle fut augmentée; on fit le chœur et l'on construisit le sanctuaire de la Sainte Vierge, de même que la sacristie. Un marais fut desséché, puis converti en prairie. On dressa également un jardin : enfin, l'enceinte aumônée par le Roi fut entourée en partie de murailles, faisant clôture et en partie de fossés, dans les parties un peu plus éloignées.

Aussi, à la mort du père Jean-Baptiste, en 1671, les suffrages de tous ses confrères se portèrent-ils tout naturellement sur le père Guillaume. Ce ne fut pas sans peine toutefois qu'il accepta cette lourde charge. Il voulut s'y soustraire : il fallut le prier et le conjurer de rendre ce service à Dieu et à ses frères. Puis une fois décidé, il se prit à s'animer d'une nouvelle ferveur et d'une nouvelle confiance dans la Providence, et, de cet instant, il se consacra entièrement et sans restriction aucune à tous les exercices de la vie intérieure.

Ici, nous pourrions entrer dans les détails les plus circonstanciés de cette sainte existence dont le but unique semble d'avoir eu la tâche de se faire oublier de tous. Nous serions à même, — tant les éléments abondent en nos mains, — de révéler presque tous les secrets et les pensées de cette âme candide, qui savait si bien se pénétrer des vives lumières de la sainteté divine. Nous croyons que nous pourrions même traduire les émotionnantes impressions que ce supérieur éprouvait dans les doux et mystérieux exercices de son sacerdoce, car il lui fallait presque faire violence à ses sentiments pour l'engager à se revêtir des ornements sacerdotaux et à distribuer à ses frères et à ses compagnons le pain sacré des anges. Nous ne voulons pas cependant soulever les voiles de cette conscience scrupuleuse et timide : nous n'avons qu'un but, celui de faire bien connaître cet esprit supérieur et intelligent, ce jugement solide et pénétrant, ce cœur magnanime et généreux; en un mot, cet homme qui, après une vie tourmentée à ses débuts, avait désiré se retremper dans les consolantes et ineffables joies de la religion. Ses conversations, ses doux épanchements, pleins d'onction, laissèrent toujours les plus délicieuses impressions dans la mémoire de ceux qui les surprirent à son insu, car il fallait en quelque sorte le surprendre pour obtenir quelqu'abandon de ce cœur angélique Aussi savait-il gagner tous ceux qui avaient le bonheur de l'entendre et cette douce autorité avait su encore lui conquérir les respectueuses soumissions de ses religieux. Nouveau François de Sales et imitateur des vertus de Saint Vincent de Paul, il était d'une douceur admirable et d'une tendre piété, comme aussi d'une charité immense pour les pauvres, auxquels il ne croyait jamais donner assez. S'il eut écouté sa tendresse pour eux, nous disent ses collègues, il eut donné jusqu'aux nappes de l'autel.

En faisant ainsi l'éloge de ce supérieur remarquable, nous nous bornons, qu'on le croie bien, à reproduire les propres paroles de son historien, qui fut le témoin de sa vie et qui nous a laissé le récit de ses actions, dans des paroles émues.

Auvray eut la consolation de voir sa petite communauté s'accroître de quelques nouveaux sujets. Il eut aussi la satisfaction, vers l'an 1700, de gagner un procès contre les Bénédictions de l'abbaye de Saint-Sever. Bien heureusement les prétentions exhorbitantes de ceux-ci furent rejetées et l'évêque de Coutances demeura le supérieur majeur de l'ermitage de la forêt. Leurs attaques et ces contestations eurent même un résultat fort heureux pour les solitaires.

Afin de soutenir leur cause auprès du Conseil d'Etat, ils crurent devoir députer un des leurs à Paris. C'était un ancien major du Régiment Royal, Auvergnat de naissance, nommé Pierre de Grandville, et connu en religion sous le nom de frère Romuald. Il obtient, à Versailles, une audience du Roi. Là, en présence de la cour, il parla au monarque de la gracieuse retraite de Notre-Dame-des-Anges, cachée à tous les regards sous les mystérieux ombrages de la forêt : il dépeignit avec une mâle éloquence sa situation précaire, les difficultés qui lui étaient suscitées par l'abbaye voisine; il sut rappeler les bienfaits de Sa Majesté, lui dire que nul sanctuaire n'adressait pour elle de plus ferventes prières au ciel, et, il parvint à l'intéresser pour son ermitage. Aussi, le 30 mai 1701, un arrêt favorable rendu par le Conseil d'Etat, venait assurer son existence, et un peu plus tard, le frère Romuald, fier de l'accueil qu'il avait reçu du souverain d'une manière si flatteuse, ayant rédigé un placet en forme de requête, qui fut présenté à Louis XIV celuici aumôna à la communauté religieuse six nouveaux arpents de terre, auprès de leurs précédentes possessions. Le don royal fut signé le 14 août 1703.

Après avoir administré l'ermitage pendant trente-huit ans, après avoir donné à ses frères des constitutions qui portent la date du 25 mars 1697, et qui furent imprimées à Coutances, avec l'approbation de Mg^r de Loménie de Briene, le père Guillaume Auvray s'endormit dans le Seigneur, le 15 novembre 1703. Il avait environ 73 ans et il fut inhumé dans la chapelle de son ermitage, au pied des marches de l'autel et dans le chœur, où nous avons remarqué sa dalle tumulaire, en granit gris, avec l'inscription : Cy GIST LE F. GUILLAUME AUVRAY P^{re} DAVRANCHES, ERMITE ET RÉPARATEUR DE CE LIEU, DÉCÉDÉ LE 15 NOVEMBRE 1703.

Depuis une année entière, il luttait contre les étreintes et les souffrances d'une hydropisie. Mais de tout temps il s'était identifié à la pensée de la mort; elle le trouva prêt. Il rendit le dernier soupir dans des sentiments de la plus parfaite piété, ayant encore auprès de son lit, et lui tenant la main avec affection, le frère Jacques Saux, son cher et fidèle compagnon de plus de quarante années de solitude et de prières.

Ses religieux, dans quelques notes que nous avons eues sous les yeux, font de lui le plus bel éloge. Aussi, longtemps après la séparation le considèraient-ils encore comme leur modèle et comme leur véritable père. Sa mémoire était toujours l'objet de leurs respects et de leur vénération, et son nom n'était jamais prononcé par eux qu'avec les termes de la gratitude que l'on conserve pour un bienfaiteur ou mieux encore pour un fondateur.

Les ermites de Saint-Sever, jusqu'au moment de leur dispersion, se sont plu constamment à répéter que le Père Guillaume Auvray fut le vénérable serviteur de Dieu qui les engendra en Jésus-Christ.

Enfin, son évêque Mgr de Loménie de Brienne, faisant son éloge, à la nouvelle de sa mort, ne craignit pas de dire aux personnes qui l'entouraient qu'il perdait en lui *un vrai saint*, et M. Douet, son grand vicaire, souscrivit immédiatement à ce jugement du prélat. — Certes il était difficile d'obtenir un plus beau panégyrique.

VIRE. — IMP. A. GUÉRIN.

www.ingramcontent.com/pod-product-compliance
Lightning Source LLC
Chambersburg PA
CBHW051203050726
47594CB00007B/3040